An alle Menschen:

Auf Erden sei immer Frieden,

und nicht immer wieder Kriegspläne
schmieden,

lernen unsere Feinde zu lieben,

und nicht vertreiben mit schmerzhaften
Hieben,

lasst uns doch die Hände reichen,

und nicht begraben unsere Lieben, wenn sie
durch Krieg werden zu Leichen.

In Hoffnung, Februar 2003

Margret

Herstellung und Verlag:

Books on Demand GmbH, Norderstedt

ISBN 3-8334-0601-1

Die sieben Botschaften

Gedichte und Gedanken über das Nachdenken

1

Wenn
Du Dir
Distanz
zu einem Menschen
bewahren willst,
dann musst Du
die moderne Sprache
anwenden,
durch die
Du Dir auch Respekt
verschaffen kannst.

2

Ist

der Ruf
erst ruiniert,
lebst

Du

tatsächlich – ganz
ungeniert.

3

Du Bist

Was

Du
isst!

4

Wenn Du
denkst
jemand ist
wie Du,
dann sage:

„Da bin

ich wie Du"
und nicht umgekehrt!

5

Wenn Du

heulst
bemitleidest
Du dich selbst!
Du beweinst

Deinen Fehler oder Deine
Tat. Durch das Heulen
vergeht der Druck der auf
Deinem Gefühlskörper

lastet.

Wenn
Du
durch
den Tag
träumst.

So träume

was schönes,
etwas was
gut ist!

7

Die Gedanken
beeinflussen
Dein Handeln.
Fröhliche,
angenehme
Gedanken

erzeugen

Harmonie

8

Es gibt

tatsächlich

mehrere Realitäten!

Jeder von

uns

hat Seine eigene.

Du musst

keine Angst

davor haben,

dass es mehrere Realitäten gibt.

Das ist

„WICHTIG"

zu wissen!

10

Wenn
Du
denkst
Du bist
ganz Alleine'
siehst Du
die Welt
aus wahren
Augen!

Mit
Deinen eigenen
Gedanken
Kommst
Du in
die verschiedenen
Realitäten!

Lebe Deine
eigene Realität, sie ist das
Wahre Selbst Von Dir
Liebe Dein Ich!

12

Du bestimmst sogar
ob jemand
in
Deine Realität

darf oder nicht.

Der Wimpernschlag
verrät Dir,
in wie
vielen Realitäten
sich jemand bewegt.
13

Jeder <u>Mensch</u>
„existiert",
also <u>gibt</u> es genau so
viele
Realitäten.
Du bist

<u>eine Realität</u>

von vielen.

14

Glaube an
Deine
„eigenen <u>Worte</u>,"
glaube an „Dich"
und
„Deine Existenz"

und an

„ Deine Realität"!

15

Das Wort <u>Existenz</u>,

hat man durch das
moderne, <u>fremde Wort</u>

Identität ersetzt!

Identität ist:

Wenn Jemand sich mit
einem anderen Jemand
identifiziert

Also gleich sein will wie
der andere Jemand.

16

Identität bedeutet
nicht,

dass du als Individuum
lebst,

sondern als Teil der
Gesellschaft,

in der
Du dich an gewisse
    Regeln hältst.
Ein Individuum, bist
    „Du"!
17

Du ganz alleine!
Jeder Mensch ist ein
Individuum;

Mit eigener Existenz
und eigener
<u>Wirklichkeit.</u>

Du lebst meist nicht
alleine in Deiner
Realität zu schnell
öffnet man seine
Realität für andere.

Bewahre Deine
Realität, denn sie ist
„DEINE"
„Wirklichkeit"

19

Wenn Du die Augen
schließt
bist nur
„Du" da,
Du erlebst nur
„Dich"
Dann bist

„DU"
„DU"
SELBST –
GANZ ALLEINE!
20

Der Traum
Ist
Eine Reise
Durch
Dich selbst.

Die Wahrheit

steckt in

Dir selbst!

Doch erkennst
Du sie nur
wenn Du Dich
Selber liebst!

Das
ist WICHTIG
zu wissen!

22

Denke

hin und wieder
nach!
aber dann
ganz bewusst.
Du bist
schließlich
ein denkender
Mensch.

23

Je verschmitzter
das Lachen ,
umso
faustdicker
hat man's
hinter
den Ohren.

Ein Lügner
lügt
<u>um</u> sich
selbst
und andere zu
schützen.

Je weniger
jemand
den Kopf
bewegt,
desto stärker
vertritt
Er
scheinbar
Seine Meinung.

26

ALLES

IST
GENAU
UMGEKEHRT.

„Dein <u>Körper</u>
ist
ein wahrer <u>Freund,</u>
achte
aufmerksam auf seine
Botschaften.
Behandle ihn
liebevoll,
und lasse Dir von ihm
Vergnügen
<u>bereiten</u>"
28

„Sei offen ~
und zugänglich für
das Gute,
gib Dich
hin,
und erlaube
Deinem <u>Denken</u>
faszinierend klare
Harmonie
zu emp<u>finden</u>. ~

29

„Lasse Dich
von den
kleinen <u>alltäglichen</u>
   Dingen
des Lebens
mit
<u>Frieden</u> und Freude
erfüllen".

„Sei

frohen <u>Mutes</u>.
Das Leben
ist
ein spannendes
Abend<u>teuer</u>".

31

Glaube fest,
an
das Gelingen
Deiner Vorhaben,
und gib
Dein Bestes."

32

„Lasse" mühelos 🦋
und freudig

die Vergangenheit ⧗
hinter Dir,
und heisse
das "Neue"
in
„Deinem"
Leben
willkommen."

33

„Mache
Gebrauch von
Deinen Fähigkeiten.
Alles was
Du tust,

das tue

von Herzen.

<u>Schenke</u>
Dir selber
<u>die Freiheit."</u>
34

„Vertraue
dem Lauf des Lebens,
was gut und richtig
ist,
wird
geschehen."

„„Du bist
wahrlich einmalig
und
unersetzlich""

{Hier ist jeder
einzelne Mensch
gemeint!!!!!! }

Auch Du!

♬

36

„Alles" in
Dir
Deine
scheinbaren
Schwächen und
Stärken

sind Teil
Deines
wunderbaren
Ich's." 🕊

37

🕊 „Scheinbare
Misserfolge
dienen
Deiner Läuterung und
   der Vermehrung
Deiner Weisheit.
Vertraue
dem Lauf des
Schicksals.

Es wird immer
alles gut!
       38

„Du besitzt
immer gerade
soviel Kraft,
Dich
der neuen Situation
anzupassen und
Deine
Lektion
zu lernen"
(langsam lesen)

39

Aus <u>Fehlern</u>
werden
geniale Neuerungen
geboren. 🕊
Für - jede - Aufgabe
ist
Zeit genug~
Folge
Deiner
„ inneren Stimme von
Wei<u>sheit</u> und
Zuversicht."!

40

🕊 „ Wohin
Du auch gehst,
immer bist
Du geliebt und
beschützt." 🕯
„Vertraue
dem Lauf des
Lebens", 🕊

was gut und richtig
ist
wird geschehen!
41

„Du
trägst
die Wahrheit und
    Weisheit
in Dir.
Tief in
Deinem Inneren
findest Du
die Antwort
auf
Deine Fragen"!
    42

„Vertraue
dass Alles
einen <u>Sinn</u>
er<u>gibt</u> und
gut sein
wird"! 🕊

Der beste Beweis,
dass Du
mit Deinen Gedanken
alles anstellen kannst,
ist
Dein Körper –
er reagiert
wie
Du es willst.

44

Der Geist
kann sich besser
aus Deinem Körper
bewegen,
wenn DU
bequem liegst.

Sei Dir <u>selbst</u>

<u>der beste Freund!</u>

Frage Dich
ob Du
den Luxus
wirklich
brauchst.

46

Sei
auch zu
Reichen und
   Angebern
sanftmütig.!

Führe 🕊
das <u>Kind</u>
<u>mit Liebe</u> und
   Verständnis
durchs Leben!

47

„Das Reich Gottes
ist in Dir
und
um Dich
herum-
Nicht in
prachtvollen Gebäuden

aus Holz und Stein-
Spalte
ein Stück Holz <u>und</u> ich bin
da- Hebet einen Stein
auf und <u>Du</u>
<u>wirst</u> mich
finden"!

48

Ist
Gott
<u>in</u> jedem von <u>UNS</u>

49

„Der Sinn
vieler, vieler Texte,
erschließen sich
nur
dem „Eingeweihten."
Was
in ihnen
beschrieben wird
ist
„bewusst „ ̄
geheimnisvoll und
gleichnishaft gehalten"!
(Buddhismus)

50

„Ruhe ist
nur da*,
wo die Gegensätze*
schweigen,
aber sie
lässt sich
nur herstellen*,
wenn die kritische*
    Vernunft
schweigt".
        51

„Gedanken"

sind~

Eingebungen*

Es gibt

gute und böse.

52

„Gleiches wird mit
gleichem geheilt!

Gedanken Können
Taten
werden, auch
wenn es Dir
vorher *nicht bewusst
ist. 🕊

53

Sei 🕊

Nicht

geizig!

„Gebe „
wenn man
<u>Dich</u>
bittet!

54

Pflanzen
wollen regelmäßig
angefasst
werden.

Versuche

Selbstlos

zu leben.

55

Je mehr
Du
gibst,
umso mehr
wird
Dir
gegeben
werden. 🕊

Atme
ganz _tief_
durch, dann
bist Du
tief in
Dir selbst.

Die Kraft
des Kindes
ist es,
die die Schallmauer
der Mutter
zu zerbrechen
schafft.

<u>Für</u>

<u>das Kind</u>

<u>Zeit</u>

haben –

Sich dann auch

an „Ruhe"

erlaben!

59

Im Moment
bist Du
auf der Line,
doch
in Wahrheit
ist es
nur Schein,
atmest
Du
tief durch,
fühlst Du Dein „Sein".
60

Bist Du
schnell, gewissenhaft
und fit,

macht
das Kind
alles mit,
sogleich verschwinden
Deine Probleme,

wie im Winde

bei einem Ritt.

61

Auch das <u>Kinde</u>
fragen,

ob es fünf Minuten
scheint zu haben,

nicht immer stören
wegen der Möhren
wegen der Zähne
oder seiner Mähne!

62

Den Körper und _Geist_
glücklich machen
Durch schnelle Arbeit
w<u>ach</u>en Endorphine
werden freigesetzt
Genau wie beim
anderen Geschlecht
„im eigenem Hause
wohl bemerkt
ganz <u>wichtig</u>!
Denn das ist <u>richtig</u>!√

63

Wenn man
das Geschriebene
auch <u>tut</u>,
gehts einem
auch
richtig <u>gut</u>!

Es geht um ein
Vorhaben, dass sollst
Du zu ende führen

Pass auf!

Und lass dir nicht von
anderen
hineinrühren, denn
dann kommt die
Unzufriedenheit, die

Keinen freut.!

65

Ist es wie bei Mir?
Oder bin ich wie Du?
Ist es wie bei Dir?
Oder bist du wie Ich?
Oder sind Wir gleich?
Sind die Fragen
wichtig? Und richtig?

Oder sind sie nichtig?

Ich weiß es nicht
richtig. 🕊

66

Es ist wie bei „Mir"!

Zusammen sind wir
„Wir"!

Die Anderen, das seid
„Ihr"!

Wen?
Ist es Er?
„Wer"?
Das ist „DER"!

67

„Richtet nicht,

so werdet

Ihr

auch nicht

gerichtet"!

68

Du erntest was Du
säst Wenn Du Liebe
gibst, kommt Liebe
zurück!

Wenn Du Zeit gibst,

kommt Zeit zurück!

Mit den Augen hören
Mit den Ohren sehen
Mit dem Herz fühlen
Mit Liebe
verschenken!

70

Besinne Dich auf die
„Hoffnung, "alles
wird gut.

Ich möchte
Das
lernen,
was
Dein Herz
schon weiß. 🕊
71

„Er hat
den Hals
zu voll,
um „Danke"!
zu sagen"
 (Wilhelm Busch)

72

„Ich bin
ein Mensch,
nichts menschliches
ist
mir
fremd". (Terenz)

73

Guckst du Deinem Kind

Zu tief in die Augen

wird es nehmen an
Energie

wie Milch beim saugen:

dann plötzlich wirst Du
ungerecht

und denkst Du seiest
schlecht doch wenn Du
selbst böse bist pass auf
dass das Kind nicht so ist.

74

Nicht um Hilfe
ringen

Lieber Liebe
bringen. 🕊

Nutze
den Augenblick,
denn er
ist
das Einzige
was
wirklich ist.

76

Alles was Du tust,
das tue von Herzen,
dann schenkst Du Dir
    Freiheit
wie das Licht von
    Kerzen

77

Wen man überredet
wird,

kannst Du es nicht
von Herzen machen,

also lautet ein
Beschluss:

dass Du Dich nicht
überreden lassen
musst!

78

Wenn Du Dich immer
wehrst,

Du auch einiges
entbehrst!

Du entbehrst Deinen
Willen

Und das im Stillen. 🕊

79

Nur wer seine Hände
gebrauchen kann

Ist unabhängig und
hat fun.

Nur Gott kennt
Geheimnisse des
Herzens

Öffne Dich der Liebe
und Du kennst keine
Schmerzen.

80

Glaube ohne zu sehen

Die Liebe lässt Dich
verstehen.

Nicht sich selbst
belügen,

so wirst Du auch nicht
andere betrügen

Habe ein reuiges
Herz,

81

so wirst nimmer
haben Schmerz.

Denke an Deine
Gesundheit,

denn sie kann bringen
Leid

Nicht rauchen und
saufen,

denn das ist
weglaufen.

82

Dein Freund der
Körper ist der Beste,

er trägt Dich jeden
Tag wie zum Feste.

Das schlechte
Gewissen,

soll sich verpissen,
schlechte Gedanken
   sollen abdanken,
schlechte Witze
   gehören tief in
   enge Ritze.
Besser ein klarer Sinn,
als ein hoch
gezogenes Kinn.

84

Gott hat mir viele
glückliche Momente
geschenkt,

doch in Diesem Alter ist
man durcheinander und
manchmal beschränkt. Die
lichten Augenblicke im
Leben, sind die,

wenn sie gehen daneben.
Dann plötzlich öffnet
sich das Herz, zuerst
spürst Du einen
Schmerz,

85

dann dauert es eine Weile,
aber bitte keine Eile,
denn üben musst Du die
  Geduld
wie in der Schule am Pult.
Wenn auch das
A & O

Manchmal gibst es eben
  auch auf den Po. 🕊

86

Bestraft mit
Schönheit

Die mich selbst nicht
freut,

sie schafft Eifersucht
die nur schwer man
    reut.

87

Den ganzen Tag bin ich am
   jagen,ich kann es nicht mehr
   ertragenIhr könnt einem auf
   die Nerven gehenIch kann es
   nicht mehr verstehenDer
   Paul riegt gleich eins auf´s
   Maul
Weil er ist viel zu faulSvea will
immer mehrDoch meine Seele ist
schon leer.

Und der kleine Florian

88

Guckt nur Marie-Luise Marian.

Und die Mama Mäggilein

Siehst schon aus wie ein
Stachelschwein

Und kommt um vor
Kummerlein,

denn sie will immer nur bringen

Sonnenschein.

Haben wir uns nicht
schon mal in die Augen
geguckt Gestern es hat in
meinem Herzen gezuckt
Ich weiß, es ist schon
lange her

und nun
bist du
Wer

90

Du kennst mich
nicht?

Kein Wunder,

ich war nur ein
kleiner Wicht

und noch nicht in
Sicht.

Das innere Kind ist bei
jedem

Nicht schweigen und
auch nicht reden Das
Herz und die Liebe
allein, besiegen diese
Pein; erkenne Deine
Schattenseite, und

92

schweife nicht in die
Weite Nehme sie an

Egal wann!

„Du hättest keine
<u>Macht</u>, wenn

sie dir nicht von oben
herab gegeben wäre,

sei <u>bedacht</u>!
denn das ist eine
Ehre".

93

Wenn Ihr nur „die"
liebt die „euch" auch
lieben, was ist daran so
besonderes? Es ist
vielleicht zeitgemäß

Aber verdient hättet
Ihr eins aufs Gesäß.
Trinken solltet ihr
lieber mit eurem
Nächsten aus einem
Gefäss.

94

Öffne
Deine Augen
Und Dein Herz,
so wird fahren
Deine
Seele
himmelwärts,
lache nicht
über
jeden Scherz
es gibt Menschen

95

für die ist es
Schmerz.
Heute kaufst du
einen Nerz,

doch das
ist
nur Kommerz
Denke daran
wie
„Du" warst als kleiner
Sterz! 🕊
96

Nur Wenn
DU DICH
Auslebst kennst
DU die Wahrheit!
Du musst lediglich
EHRLICH zu
Dir selbst sein,
höre nicht
auf die Leute,
Lebe
Dein Gefühlsleben!
97

Mit klarer Stimme
Und festem Gang
Ohne
schlechtem Gewissen
Beim morgendlichen
Trank
Sich für
Seine
EIGENEN
Gedanken Auch mal
Bedanken!

98

Im Traum
bist Du
schon mal in
GEFAHR,
doch wenn
Du GOTT bittest,
wirst Du
einiges GEWAHR,
und brauchst nicht
immer
den Bibliothekar.
99

Die gesungene
Sprache wird leider
nicht ernst
genommen würden
wir es tun! Hätten
Wir viel Erfahrung

Gewonnen!

100

Stelle
Immer
Viele Fragen!
Wieso
Weshalb
Warum
Dann erhältst
Du
WISSEN!!

101

Rücksicht nehmen
Und
Rücksicht geben

Ernähre
Dich
Gesund und
DU
wirst nicht
dick und rund!

102

Ich Bin
Der Ich
Bin!

Hast Du

in Schönschrift
geschrieben,

kommt es aus
dem Herzen
der Vorlieben.

104

Redest Du
aus dem Herzen,
kann es bedeuten
Schmerzen,
redest Du
aus dem
Verstand,

rieselt es

wie Sand.

105

Ist gierig wer mit links
greift

Ist schuldig wer laut keift

Ist fröhlich wer laut pfeift

Ist altklug wer früh reift

Ist krank wer weit schweift

Ist böse wer mal kneift

Ist höflich wer Andere
einseift ?

106

Welchen Sinn hat wohl
der Reim?

Ist es wahrer
Lebenskeim?

Oder Zwietrachtsreim?

Keiner weiß bescheid

Die Bedeutung ist sehr
weit! Rätselreim und
Denkreim Entschlüsselt
man daheim.

107

Warum reimt sich ein
Gedicht?

Macht das nur ein
Wicht?

Und was ist ein
Stichelgedicht?

Macht das nur ein
Neologist?
(Worterfinder) Der
Reim ist fein und
geheim.

108

Nehme

Dich

in Acht

Wenn jemand

über

Dich

lacht!⧖

109

Wut
verleiht
Mut ✣

Wenn Du
was am
tun bist, ist's
als wenn
der Kopf am ruhen
ist. ✣

110

Nimm
dich an
so wie DU
Bist.

111

Gott schläft im Stein,

Gott schlummert in
Pflanzen

Gott träumt in Tieren

Gott wacht in DIR
und MIR.

112

Pflege alles
was
Du
hast,
sonst
bist
du
es nicht wert
und
es hat dann
keinen Wert.
113

Die Angst

Verursacht

ein schlechtes
Gewissen,

Die Angst

lässt Dich

Fehler

Machen.

114

Das Kind

macht der Mutter
ein schlechtes
   Gewissen
es ist,
als wird
sie gebissen
um Aufmerksamkeit
zu erlangen
damit kriegt es
dich
   115

zum bangen
und es wird
dich
damit fangen
so stark ist
die Angst
vor Fehler
des Gewissens
Hehler.

116

Ist das Leben
vorbestimmt?

Was ist es?

Was es von Dir nimmt?

Ist es Liebe oder Hass?

Die im Lauf des Lebens
rinnt?

Der Wille ist es der
bestimmt Ob letzten
Endes Du gewinnst!

117

Das gesprochene
Wort,

ist
oftmals Mord.

Das Wort
als

Waffe.

118

Das Leben

Ist
voller Übeln,
so dass
Du

ständig musst,

darüber grübeln.

119

Nicht nur
vom Brot
allein
sondern auch
vom Wein
kommen
Wir
zum
SEIN.

120

Durchdenke
die Konsequenzen
Deiner
Taten und Vorhaben
dann lebst
Du
in Ruhe.

121

Was vergangen
ist
ist
gewesen. 🕊

Lerne

auf Deinen

Bauch

zu hören.

122

Wovor

verschließt

Du Deine

Augen?

Guck mal

richtig

hin!

123

ratlos

124

Angst
ist
nicht nötig,
nur vorsichtig
musst
Du sein!

125

Setze

Dich

nie selbst

unter Druck.

126

Wenn Du deine
Gefühle

nicht
immer schluckst
    nieder
dann kommt
der Schluckauf
nimmer wieder.

127

Die Haut
ist
das Spiegelbild
der Seele (Mäggi)

128

Im Schlaf
Siehst
Du
die wahren
Gesichtszüge

eines Menschen!

Ein Schleimer
ist
jemand
der sich selbst
nicht verzeiht.

Eindrücke
hinterlassen
Gefühle

130

„Ehrlichkeit siegt"!
Wenn
„DU"
Ehrlich
Bist
gewinnst
DU!

131

Glaube

~~einem Lügner,~~

~~denn er~~

~~spricht~~

die Wahrheit.

132

Du

„erkennst „   erst

den Wert

einer Sache

              wenn

„DU"

ihn

„abgeben „

musst.

133

„Sag mir":
bist
„Du"
Freund   oder
        Feind?

134

Habe
„ Achtung"
vor
„DIR"
selbst!"

135

Warum sind

„ WIR „   so

vergesslich?

Sind

WIR

zu vielen

Reizen

ausgesetzt?

136

Höre auf

„ DEINEN BAUCH"

bedeutet: Dass

Dein „Gewissen „
sich meldet,
wenn   „DU „
etwas falsch
machst!

137

Bücher

Beeindrucken.

138

Der Mensch
„Kann,"
zwischen „gut und
böse "unterscheiden!
dazu „ muss"
er" wohl
mit dem
„Herzen
sehen können.

139

Überreden

Ist

Betteln.

Sprich
die Wahrheit
aber keine
Vermutung.

140

Auf
das Böse
        höret,
Das Gute
        mache nach!

141

Um Erleuchtung
Und
Vergebung
beten
und Du kannst
Deinen Glauben
Vertreten

142

„Du bist

mutiger als Du meinst

und stärker als DU
scheinst

und mutiger als Du
denkst." (Winni
Puuh)

143

Leben geben, jedoch
„Ernster" nehmen!

Auf
Der Suche
Brauche ich
Hilfe,
wer „würde" sein
mein
Gehilfe?

144

Dein Feind öffnet dir
die Augen

Dein Freund öffnet
Dir die Ohren

Dein Kind öffnet Dir
den Mund

Die Liebe öffnet Dir
Dein Herz.

145

„Eine Leidenschaft
ist
eine Leidenschaft,
die Leiden
schafft."

146

Alle
guten Dinge
sind
Drei

Nur
durch
die Übung
wirst
„DU"
zum Meister. 🕊

147

Zuhören heißt. „Ich"
hab „Dich" lieb 𓅦

Liebe!
Deinen Feind,
denn „Er"
zeigt
Dir
Was   „ Du"
noch lernen
musst.
                148

NIX

149

Jeden Tag bekommst
Du <u>Zeichen</u>,
denen sollst du nicht
weichen!

Die Hand sollst du
diesen Zeichen
reichen.

Beachte die Vögel auf
den Eichen,

das sind Zeichen.

150

Kinder sollte man
„loslassen,"
und nicht ständig am
   Ärmel „fassen",
ihnen Freiheit
„geben,"
und nicht
„ nehmen".

151

Gedanken
entfallen
wie Haare,
man merkt es
nicht mal.

152

Ich bin vielleicht
ängstlich,

doch nicht doof,

Ich bin vielleicht naiv,

doch nicht dumm.

Träume

Können

wahr

werden.

„Wenn du denkst
es geht nicht mehr,
kommt
von irgendwo
ein Lichtlein
her".

155

Keine
negativen Gedanken
in die Welt setzen,
sie können sich
verfestigen.

„Gedankensünden

sind schlimmer als Tatsünden,

weil ihnen keine Schranken gesetzt sind,

sie vergiften die Seele"

157

„Ein Mensch, der von einer stillen Begeisterung erfüllt ist, empfindet ein tiefes, inneres Glück"

„DER begeisterte
Mensch,

ist
ein selbstloser
   Mensch
und
damit zugleich der,
der sich
am reinsten erlebt."

159

„Die Begeisterung
macht
ungewöhnliche Kräfte
frei,
erhebt und beflügelt;
und für den
  Begeisterten
gibt es
keine Hindernisse".

160

„Es gibt Menschen,
denen alles gelingt,

die immer Glück
haben,

die viele Freunde
besitzen, die Wärme
und Freude um sich
her verbreiten.

Das sind die
Begeisterten."

161

Ich will, ich kann"!

„Bei allen
misslungenen
Handlungen ,

wird Selbstkritik
Segen bringen";

denn sie wird zum
Lehrer"!

162

„Vergebung geht immer weiter, sie ist in gewissem Sinne stets eine Baustelle.

Vergebung ist ein niemals endender Prozess, weil – solange wir in diesem Körper leben, ein Teil von uns immer und immer wieder versucht zu urteilen".

163

„DAS Atmen
durch
die Nase
nimmt positiven
    Einfluss
auf
das Gemütsleben."

164

„Gutes stiften"!

„Hat man gelernt die
Zunge zu zähmen, so
übe man sich auch im
Schweigen des Urteils.

165

„Du musst lernen,
dein Urteil
zurückzuhalten".

166

„Das Lernen und
Üben soll uns ja erst
reif machen zu Prüfen
und Urteilen".

167

„Das Fundament

der glücklichsten
Ehen,

ist es,
zu verzeihen"

168

Die Antworten, nach
denen wir unser
ganzes Leben
gesucht haben,
liegen in uns und
nicht im Glauben
des Ego an die
Aussenwelt"

„Lieben heißt:

Angst verlieren"!

Man
ist
niemals
zu
alt
um sich zu ändern!
170

„Schmerzhafte Wunden der Vergangenheit werden durch Vergebung

geheilt"! Nicht zu vergeben bedeutet:

sich für das Leiden zu entscheiden"!
171

„Um glücklich zu
sein, muss Du nur auf
hören , alles und alle
zu beurteilen".

„Verzeihen
„ist"
die größte Heilung
die es
gibt"!
172

„Der WEG"

ist:

„DIE eigene
schmerzhafte
Vergangenheit
loszulassen.

173

Vergebung ist die
Entscheidung

nicht länger zu leiden
und
das Herz und Seele
heilen.
Hass und Wut
sind nicht
lohnenswert
sondern
Verzeihen"!
174

„Die Macht

von

Liebe und Vergebung

kann

Wunder

Vollbringen".

175

„Wenn man einen
brennenden Wunsch
empfindet versage
man sich die
Erfüllung, mitunter
handelt es sich um
Kleinigkeiten ,aber
gerade die sich zu
versagen, verlangt
und entwickelt

„Kraft"!

176

„Wer ein Buch liest,
das ihn fesselt,
lege es
bei der schönsten
Schilderung
beiseite
und
übersehe es einige
Tage"!

177

„Wer sich ein
Vergnügen gestattet,
unterbreche es im
Augenblicke frohen
Genießens".(Zitat)

178

„Durch die
Überwindung kleiner
Regungen

und durch
die Ertötung
schlechter
    Gewohnheiten d.h.
    dadurch, dass
man sich selbst
        179

Widerstand
entgegensetzt,
wird Kraft gespart
und Kraft
entwickelt". (Zitat)

180

„Anderen
zu vergeben
ist
der erste Schritt
sich selbst
zu vergeben".

181

„Wir haben

immer

die Wahl.

Wir können

auf die Stimme der
Liebe hören

oder
auf die Stimme
des Ego".
182

„Wir sind es
die leiden
und
das Gefühl des
inneren Friedens
verlieren
wenn wir
nicht verzeihen".

183

„Weißt du,
worin der Spass des
Lebens liegt?

Sei lustig! – geht es
nicht, so sei
vergnügt".

(J.W.v.Goethe)

184

Es scheitert schnell
wes Herzen
sinnt auf Rache.
(anonym
    vermutl.2.Jh.v.
    Chr.)

185

„Wenn du das tust,
was du immer schon
getan hast, wirst du
bekommen was du
immer schon
bekommen hast!

Wenn du das, was du
möchtest nicht
bekommst, dann tue
etwas anderes"

186

„Wer sich leicht schämt, sündigt schwer".

(Talmud)

187

Sich selbst
nicht immer
so wichtig
nehmen.

Sich selbst
auch mal
vergessen.
Dann lebst du
bewusster.

188

„Sei gütig zu jedem,
hilf wo du kannst,
sieh in allem
das Schöne und hab
    auch Freude an dir
selbst."

189

Es ist schwierig
Wahrheit und Lüge
zu unterscheiden.

Wo

ist der „wahre"

Kern

des Menschen?

190

Das Schicksal ist
unsere eigene Wahl!

„Warum"?

Wegen dem freien
Willen!

„Darum"!

191

Angst hat man
meistens vor sich
selbst,

und nicht vor
Anderen, denn die
sind ja meistens
friedlich.

192

Im Dunkeln denkt
man anderes als im
Hellen.

Erkläre
ALLES
„So"
wie es auch
193

„ein kleines Kind
„versteht!

Husten und Liebe
kann man nicht
verbergen.

194

Angstfreundschaften
gibt es auch.

🕊 Je oller desto
doller!

Sprichwörter
stimmen!

195

Mach die Augen zu,

wer dann noch da ist,
ist Dein Freund. 🕊

„Nur wenn Du
Deinem Geist freien
Lauf läst und
versuchst nicht
nachzudenken
einfach nur DA BIST,
erschließt sich Dir ein

196

anderes Bewusstsein
als wenn Du darüber
nachdenkst was Dein
Geist ist".(H.M.v.Stuhl)

„Der Verstand
versteht den Geist
nicht".

(.H.M.v.Stuhl)

197

„Der Geist wohl den Verstand".

(H.M.v.Stuhl)

„Das Bewerten bleibt nur ausschließlich dem Verstand zu geschrieben".

198

Im Traum fehlt die
Erinnerung an das
Wachleben und im
Wachleben fehlt die
Erinnerung an das
Traumleben".

Man kennt Menschen
aus den Träumen und
man kennt Menschen
aus dem Wachleben .

199

Im jeweiligem
Zustand kann man
sich jedoch nicht
erinnern.

Man kann Bilder und
Gedanken mit in den
Traum nehmen, sie
jedoch nicht
bewerten, das steht
ausschließlich dem
wachen Verstand zu.

200

„Der Schein trügt
immer".

Mit der Wahrheit bist
Du immer überlegen.

201

Beleidigt sein heißt.

Dass man innere
Werte kennt und
schätzt.

Es ist für den
Menschen immer
schwieriger die Liebe
zu erkennen.

202

Unendlicher als Ewig
und viel ewiger als
Ewig muss die Liebe
sein.

Hoffnung hält Dich
am Leben.

203

„Bedenke wohl
worum Du bittest, es
könnte Dir gewährt
werden"

(Merlin)

204

„Die Geister die er rief, wird er nun nicht mehr los".

(Goethe)

205

„Gedanken
manifestieren sich
und erzeugen
Energien im Kosmos,
die als Befehl
ausgeführt werden.".

„Wie im Himmel so
auf Erden".

(Bibel)

206

„Jeder sieht nur das,
was er sehen will".

„Jedem geschieht
nach seinem Glauben.

207

„Bittet, so wird Euch
gegeben"!
(Bibel)

Dein; (also UNSER)
Wille geschehe.
(Bibel)

208

Goldene Regel:

„Was Du nicht willst,
das man Dir tu,

das füg auch keinem
andern zu"!

„Unser Zeitungen selbst
möchte unseren
Nachkommen so voll von
Täuschungen erscheinen,
wie uns die Bücher der
Alchemisten –

und doch ist die Presse
die Luft die wir atmen –
und eine ungemeine
nebliche Luft ist es „!

(Zanoni, Bulwer)

210

Wie in NICHTS auflösen.

Engel sind da, Du
kannst sie nur nicht
mit Deinen Sinnen
erkennen ;

Aber spüren
mit
„Deinem Gefühl."

212

Lesen ist was
geheimnisvolles.

Und viele Sorgen
kriegt man mit auf
den Weg. (Silke)

213

„Übung macht den Meister"

(altes Sprichwort)

Achte darauf, dass du nicht zu viele Dinge besitzt.

214

Nimm Dir Zeit für
alles was Du vorhast.
Das ist wichtig! Sei
mit den Gedanken
beim Essen, wenn Du
isst. Räume sofort
alles weg, damit Dein
Kopf frei ist für
neues.

Dann kriegst Du kein
schlechtes Gewissen!

215

Versuche wertfrei zu
schauen und wertfrei
zu zuhören.

Angst und Furcht
sind bloß Illusionen.

Angst existiert nur in
den Gedanken .

216

Angst ist nicht
wirklich!

Jede einzelne
Handlung von dir,
musst Du
verantworten
können.

217

Die meiste Zeit
guckst Du aus der
Erinnerung;

Wenn Du Dich als
alleine betrachtest,
dann siehst Du die
Welt mit Deinen
Augen wie sie
wirklich ist, für Dich.

218

Von Mitleid hat man
nichts.

„Was Du heute
kannst besorgen, das
schiebe nicht auf
Morgen":

219

Denn dann würdest
Du in der
Vergangenheit leben
und Du bist nicht
offen für das Hier und
Jetzt.

Du verpasst was und
fühlst Dich unwohl.

220

Wenn Du Dich selbst
lieb hast, hast Du
jeden Tag einen
schönen Tag!

Der Körper

ist Dein einzig wahrer
Freund. Er tut:

Was „Du" willst:

Wenn Du dem
Körper weh tust

fügt er Dir den
„Schmerz" zu.

222